AGNÈS ROSENSTIEHL

DRÔLE D'ALPHABET

OU LES

AVENTURES

D'UNE **TARTE** AUX

POMMES

LAROUSSE

Librairie Larousse (Canada) limitée, propriétaire pour le Canada des droits d'auteur et des marques de commerce Larousse.
Distributeur exclusif au Canada: les Éditions Françaises Inc., licencié quant aux droits d'auteur et usager inscrit des
marques pour le Canada.

ISBN 2-03-051423-3.

A L'APPORTE

B LA BRÛLE

C LA CACHE

coin, coin, circulons, chers confrères, cinq cinq canards crus,

coin coin, circulons, chers confrères,

coin coin, calculez, chers collègues, combien cela coûte,

ça coûte cinquante centimes, coin coin coin coin

circulons, chers confrères,

coin coin coin coin coin coin

D
LA, DÉMOULE

E L'ÉCRASE

F LA FÊTE

G LA GOÛTE

H LA HACHE

IL L'IMITE

JLA JETTE

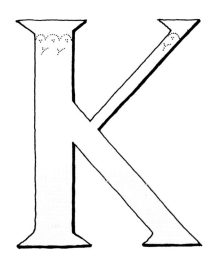

K
LA
KIDNAPPE

laissez la limonade lessiver les lavabos...

lâchez les léopards...

L LA LÊCHE

M LA MONTRE

N LA NETTOIE

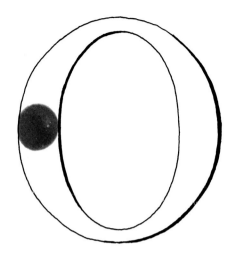 L'OCCUPE

P LA POIVRE

Q LA QUITTE

R LA ROULE

six sottises sensationnelles!
savourez: sucette salée,
salade soufflée,
soupe sablée,
sardines savonnées,
salsifis sucrés,
sorbet-saucisse!
stop!
salut!

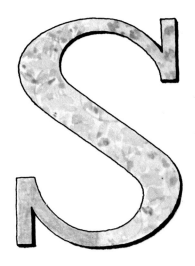 LA SENT

T LA TRIPOTE

U V W

EUX,

LA COUPENT,
LA MANGENT,

A
BRA ✶
CA ✶
DABRA ✶
ET CÆTERA
✶

ET VONT AU LIT !...

Imprimerie du Bélier, Maisons-Alfort. — Septembre 1977-3ᵉ. — Nº de série Éditeur 10149.
IMPRIMÉ EN FRANCE (Printed in France) 51423-D-7-80.